CAP

Jazz Standards A Cappella

Volume I

Contemporary
A Cappella Songbook

A Cappella Arrangements by
Deke Sharon

Edited by Anne Raugh

EXCLUSIVELY DISTRIBUTED BY
HAL•LEONARD®
CORPORATION
7777 W. BLUEMOUND RD. P.O. BOX 13819 MILWAUKEE, WI 53213

TABLE OF CONTENTS

Cover photo: Amy Briggs, Acappellago

Photo: Kate Gooding

AUTUMN LEAVES

ARRANGED BY
DEKE SHARON

ENGLISH LYRIC BY JOHNNY MERCER
FRENCH LYRIC BY JACQUES PREVERT
MUSIC BY JOSEPH KOSMA

Faster
GOLD. I SEE YOUR HOLD. SINCE YOU
GOLD. I SEE YOUR HOLD. SINCE YOU
GOLD. I SEE YOUR HOLD. SINCE YOU
GOLD. I SEE YOUR HOLD.
GOLD. I SEE YOUR HOLD.
12
WENT A - WAY, THE DAYS GROW LONG, AND SOON I'LL HEAR
WENT, WENT A - WAY, THE DAYS GROW LONG. AND SOON I'LL HEAR, I'LL
WENT A - WAY, THE DAYS GROW LONG. AND SOON I'LL HEAR
THE DAYS GROW, GROW LONG. AND SOON I'LL
LONG. I'LL HEAR

20
mf
f
— OLD WIN - TER'S SONG, BUT I MISS YOU MOST OF ALL, MY
HEAR OLD WIN - TER'S SONG, BUT I MISS YOU MOST OF ALL, MY
— OLD WIN - TER'S SONG, BUT I MISS YOU MOST OF ALL, MY
HEAR WIN - TER'S SONG, BUT I MISS YOU MOST OF ALL, MY
— OLD WIN - TER'S SONG, MISS YOU MOST MY
SLOWER
DAR - LING, WHEN AU - - TUMN LEAVES START TO FALL.
DAR - LING, AU - TUMN LEAVES START TO FALL.
DAR - LING, MY DAR - LING, AH, WHEN AU - TUMN LEAVES START TO FALL.
DAR - - - LING, AU - - TUMN LEAVES START TO FALL.
DAR - LING, AU - TUMN LEAVES FALL.

Fever

Arranged by
Deke Sharon

Words and Music by
John Davenport and Eddie Cooley

17
SOLO
Sun lights up the day - time. Moon lights up___ the night.
T
(Vocal percussion hi-hat)
TSS T T TSS T T TSS T T TSS T T TSS T T TSS T T
B
TH THM THM THM THM THM THM THM___ TH THM THM THM THM
SOLO
My eyes light up when you call___ my name___ 'Cause I know___
T
TSS T T TSS T T TSS T T TSS T T TSS T T TSS T T
B
TH THM THM THM THM THM THM THM___ TH THM
25
SOLO
_ you're gon - na treat___ me right. You give me fe - ver, when you kiss me.
S/A
Alto: ad lib. vocal trumpet
T
TSS T T TSS T T TSS T T TSS T T TSS T T TSS T T TSS T T TSS T T
B
THM THM THM THM THM THM THM___ TH THM

SOLO
S/A
T
B
FE - VER WHEN YOU HOLD ME TIGHT.
FE - VER,
IN THE MORN - ING,
FE - VER...
(CONTINUE VOCAL PERCUSSION IF ADDITIONAL VOICE IS AVAILABLE)
TSS T T TSS T T TSS T T TSS T T
FE - VER...
THM THM THM TH THM THM THM THM THM THM THM TH THM
33
mf
FE - VER ALL THROUGH THE NIGHT.
EV - 'RY - BOD - Y'S GOT THE FE - VER.
AH
OO
THM THM TH THM THM THM THM THM THM THM TH THM
THAT IS SOME - THING YOU SHOULD KNOW,
FE - VER IS - N'T SUCH A NEW SCENE.
OO
OO
OO
OO
THM THM THM THM TH THM THM THM THM THM TH THM

41
SOLO
FE - VER START - ED LONG A - GO.
RO - ME - O LOVED JU - LIET.
JU - LI - ET, SHE FELT THE SAME.
WHEN HE PUT HIS ARMS A - ROUND HER, HE SAID,
S/A
FE - VER START - ED LONG A - GO. OH,
UNISON
JIH OO LEE OO LEE,
JIH OO LEE OO LEE,
DIVISI
JIH OO LEE OO LEE,
JIH OO LEE OO LEE,
JIH OO LEE OO LEE,
JIH OO LEE OO LEE,
T
FE - VER START - ED LONG A - GO.
RO - ME - O,
RO - ME - O,
RO - ME - O,
B
THM THM THM TH THM TH THM THM
THM THM TH THM THM THM THM TH THM THM THM
THM THM THM THM TH THM
"JU - LIE, BA - BY, YOU'RE MY FLAME"

49
SOLO
S/A
T
B
WHEN WE KISS - ETH,
FE - VER,
FE - VER, THE FE - VER, THE FE - VER, THE FE - VER, THE
"THOU GIV-EST FE - VER," THM THM THM THM TH THM
FE - VER WITH THY FLAM - ING YOUTH. FE - VER, I'M A - FIRE,
FE - VER, FE - VER,
FE - VER, THE FE - VER, THE FE - VER, THE FE - VER, YOU'VE GOT THE FE - VER!
THM THM THM TH THM THM THM THM THM THM THM TH THM
57
FE - VER, YEA, I BURN FOR - SOOTH. CAP - TAIN SMITH AND PO - CA -
UNISON
FE - VER, YEA, I BURN, FOR - SOOTH. PO - CA - HON - TAS,
FE - VER, YEA, I BURN, FOR - SOOTH. SMITH CAP - 'N
THM THM THM TH THM THM THM THM THM

SOLO
S/A
T
B
HON - TAS.
HAD A VER - Y MAD AF - FAIR.
DIVISI
PO - CA - HON - TAS, PO - CA - HON - TAS, PO - CA - HON - TAS,
SMITH, SMITH, CAP - 'N SMITH,
THM THM TH THM THM THM THM TH THM THM THM
WHEN HER DAD - DY TRIED TO KILL HIM, SHE SAID,
PO - CA - HON - TAS, PO - CA - HON - TAS,
SMITH, PO - CA - HON - TAS, CAP - 'N SMITH, PO - CA - HON - TAS,
THM THM THM THM TH THM
63
STRAIGHT EIGHTHS, OUT OF TIME
A TEMPO, SWUNG
65
mf
"CAN YOU PAINT WITH ALL THE COL - ORS OF THE WIND?"
"HE GIVES ME FE - VER,"
OO
f
CRESC. POCO A POCO
FE - VER, THE FE - VER, THE
FE - VER, THE FE - VER, THE
THM THM

SOLO
S/A
T
B
CRESC. POCO A POCO
WITH HIS KISS - ES, FE - VER IF YOU LIVE AND LEARN.
FE - VER, THE FE - VER, THE FE - VER, THE FE - VER, THE FE - VER, THE FE - VER, THE
FE - VER, THE FE - VER, THE FE - VER, THE FE - VER, THE FE - VER, THE FE - VER.
THM THM TH THM THM THM THM TH THM THM THM
FE - VER, TILL YOU SIZ - ZLE, WHAT A LOVE - LY WAY TO,
SUB.
FE - VER, FE - VER,
YOU'VE GOT THAT FE - VER!
THM THM THM THM TH THM THM THM
RITARD
WHAT A LOVE - LY WAY TO, WHAT A LOVE - LY WAY TO BURN!
WHAT A LOVE - LY WAY TO, WHAT A LOVE - LY WAY TO FE - VER!
WHAT A LOVE - LY WAY TO FE - VER!
THM THM THM THM THM

I Could Write a Book

from *PAL JOEY*

Arranged by
Deke Sharon

Words by Lorenz Hart
Music by Richard Rodgers

13
BUT MY BUS - Y MIND IS BURN - ING TO USE WHAT LEARN - ING I'VE GOT.
LEARNED A GREAT A - MOUNT. MY BUS - Y MIND IS BURN - ING TO USE WHAT LEARN - ING I'VE GOT, WHAT LEARN - ING I'VE
LEARNED A GREAT A - MOUNT. MY BUS - Y MIND IS BURN - ING TO USE WHAT LEARN - ING I'VE GOT, WHAT LEARN - ING I'VE
LEARNED A GREAT A - MOUNT.
I'VE GOT, WHAT LEARN - ING I'VE
CONSTANT SWING TEMPO
mf
21
IF THEY ASKED ME
AH LA LA LA LA LA HOT.
GOT. AH LA LA LA HOT.
GOT. AH LA LA LA LA LA LA HOT.
GOT. I WON'T WASTE AN - Y TIME, I'LL STRIKE WHILE THE I - RON IS HOT.

I COULD WRITE A BOOK A - BOUT THE WAY YOU WALK AND WHIS -
OO
mf
THM THA THM THA THM THA THM THA THM THA THM THA
29
PER AND LOOK. I COULD WRITE A PRE - FACE ON
mf
OO OO
OO OO OO
OO OO
THM THA THM THA THM BA BA BA DA BA DA DA THM THA THM THA THM THA THM THA

HOW WE MET SO THE WORLD WOULD NEV - ER FOR - GET.
OH OH NEV - ER, EV - ER,
OH OH NEV - ER, EV - ER, EV - ER,
OH OH NEV - ER, EV - ER, EV - ER, EV - ER,
THM THA BA DA DA DA THM THM THM THA THM THA THM THA THM THA
37
mf
AND THE SIM - PLE SE - CRET OF THE PLOT
NO NEV - ER FOR - GET. THE SIM - PLE SE - CRET,
NO NEV - ER FOR - GET. THE SIM - PLE SE - CRET,
NO NEV - ER FOR - GET. THE SIM - PLE SE - CRET,
NO NEV - ER FOR - GET. BA DA DA BA BA DA BA DA DA BA DA DA BA DA DA BA

IS JUST TO TELL THEM THAT I LOVE YOU A LOT.
THE SIM-PLE SE-CRET, IS I LOVE YOU A LOT,
THE SIM-PLE SE-CRET IS I LOVE YOU A LOT,
THE SIM-PLE SE-CRET, THE SIM-PLE SE-CRET IS I LOVE YOU A LOT,
DA DA BA DA DA BA DA DA BA DA DA BA DA DA BA DA DA BA DA DA BA DA DA BA
45
f
THEN THE WORLD DIS - COV - ERS, AS
I LOVE A LOT. THEN THE WORLD DIS - COV - ERS
I LOVE A LOT, I LOVE A LOT. THEN THE WORLD DIS - COV - ERS
I LOVE A LOT, I LOVE A LOT, THEN THE WORLD DIS - COV - ERS
DAP I LOVE A LOT, BA DA DA BA DA DA BA DA DA BA DA BA BA DA BA

To Coda
51
MY BOOK ENDS, HOW TO MAKE TWO LOV-ERS OF FRIENDS
MY BOOK ENDS, HOW TO MAKE TWO LOV-ERS OF FRIENDS.
MY BOOK ENDS, HOW TO MAKE TWO LOV-ERS OF FRIENDS.
MY BOOK ENDS, HOW TO MAKE TWO LOV-ERS OF FRIENDS.
DA BA BA DA BA BA DA BA DA, HOW TO MAKE TWO LOV-ERS, TO MAKE TWO LOV-ERS OF FRIENDS. BA DA DA DA BA
mf
f
BA DAP BA DA DA DAP BA DAP BA DAP BA DAP BA DAP
BA DAP BA DA DA DAP BA DAP BA DAP BA DAP BA DAP
BA DAP BA DA DA DAP BA DAP BA DAP BA DAP BA DAP
BA DAP BA DA DA DAP BA DAP BA DAP BA DAP BA DAP
DA DA DA DA BUM BUM BUM BUM THM THM THM THM BA THM THM THM BA

GRADUAL CRESC. THROUGH TO 67
59
pp
BA DAP BA DAP BA DA DAP DOO DOOT DOO DOOT DOO DOOT DOO
BA DAP BA DAP BA DA DAP DOO DOOT DOO DOOT DOO DOOT DOO
BA DAP BA DAP BA DA DAP DOO DOOT DOO DOOT DOO DOOT DOO
BA DAP BA DAP BA DA DAP DOO DOOT DOO DOOT DOO DOOT DOO
BUM BUM BUM BUM THM THM THM THM THM THM BA DA DOO DOOT DOO DOOT
DOOT DOO DOOO DOO DOO DOOT DOO DOO DOO DOO DOOT WOP WOP WOP WOP WOP WOP
DOOT DOO DOOO DOO DOO DOOT DOO DOO DOO DOO DOOT WOP WOP WOP WOP WOP WOP
DOOT DOO DOOO DOO DOO DOOT DOO DOO DOO DOO DOOT WOP WOP WOP WOP WOP WOP
DOOT DOO DOOO DOO DOO DOOT DOO DOO DOO DOO DOOT WOP WOP WOP WOP WOP WOP
DOO DOO BUM BUM BUM BUM BUM BUM

D.S. AL CODA
67
WAH WA DA DA DAT BAH, AND THE
WAH WA DA DA DAT BAH, AND THE
WAH WA DA DA DAT BAH, AND THE
WAH WA DA DA DAT BAH, AND THE
BUM BUM BUM BUM BA DUM BA DUM DUM DUM BA DUM BA
SCAT AD LIB. TO END
YEAH
YEAH
YEAH
THA THM THM THM DA BA DA DAP YEAH

If I Loved You

from *CAROUSEL*

Arranged by
Deke Sharon

Lyrics by Oscar Hammerstein II
Music by Richard Rodgers

11
Soprano Solo:
Long - ing to tell you but a - fraid and shy, I'd let my gold - en chanc - es
Soprano & Alto:
Sop.
Loo Loo Loo Loo Loo Loo,
Loo Loo Loo Loo Loo Loo Loo,
Loo Loo Loo Loo Loo Loo Loo Loo Loo Loo Loo Loo Loo Loo Loo Loo,
All sop.
19
pass me by. Soon you'd leave me. Off you would go in the mist of day.
pass me by. Soon you'd leave me, leave me, off mist of day.
pass me by. Soon you'd leave me, leave me, off mist of day.
pass me by. Soon you'd leave me. off mist of day.

mf
f
ff
Nev - er, nev - er to know,
How I loved you,
Nev - er, nev - er, nev - er know,
How I loved you,
Nev - er, nev - er, nev - er know,
How I loved you,
Nev - er, nev - er to, nev - er, nev - er, nev - er know, just
How I loved you,
29
mp
ritard
If I loved you,
ooh.
If I loved you,
ooh.
If I loved you,
ooh.
If I loved you,
ooh.

It Don't Mean a Thing
(If It Ain't Got That Swing)

from *Sophisticated Ladies*

Arranged by
Deke Sharon

Words and Music b
Duke Ellington and Irving Mill

mf
13
DOO WAT DOO WAT DOO WAT DOO WAT DOO WAT DOO WAH IT DON'T MEAN A THING, ALL YOU
DOO WAT DOO WAT DOO WAT DOO WAT DOO WAT DOO WAH WAH WAH
DOO WAT DOO WAT DOO WAT DOO WAT DOO WAT DOO WAH WAH WAH
DOO WAT DOO WAT DOO WAT DOO WAT DOO WAT DOO WAH WAH WAH
OM TM OM TM OM TM OM TM OM TM OM TM OM TM OM TM OM TM OM TM
f cresc.
GOT TO DO IS SING. DOO WAT DOO WAT DOO WAT DOO WAT DOO WAT
WAH WAH WAH BA DA BA DOO WAT DOO WAT DOO WAT DOO WAT DOO WAT
WAH WAH WAH BA DA BA DOO WAT DOO WAT DOO WAT DOO WAT DOO WAT
WAH WAH WAH BA DA BA DOO WAT DOO WAT DOO WAT DOO WAT DOO WAT
OM TM OM TM OM TM OM TM OM TM OM TM OM TM OM TM

21
mf
DOO WAT DOO WAT DOO WAH IT MAKES NO DIFF - 'RENCE IF IT'S SWEET OR HOT,
DOO WAT DOO WAT DOO WAH GIVE THAT
DOO WAT DOO WAT DOO WAH IF IT'S SWEET OR HOT.
DOO WAT DOO WAT DOO WAH IF IT'S SWEET OR HOT.
OM TM OM TM OM TM OM TM OM TM OM TM OM TM OM TM OM TM OM TM
JUST GIVE THAT RHY - THM EV - 'RY - THING YOU'VE GOT. IT
RHY - THM EV - 'RY - THING YOU'VE GOT
EV - 'RY - THING YOU'VE GOT
EV - 'RY - THING YOU'VE GOT
OM TM OM TM OM TM TM OM TM TM OM TM OM TM OM
f

29
DON'T MEAN A THING IF IT AIN'T GOT THAT SWING.
CRESC.
DOO WAT DOO WAT
WAH WAP WAH WAP WAH WAH WAP WAH BA DA BA DOO WAT DOO WAT
OM TM OM TM
FINE
37
DOO WAT DOO WAT DOO WAT DOO WAH
WAH WAP!
OM TM OM WA WAP!
RHY - THM.

IF IT AIN'T GOT
GOT RHY - THM, GOT RHY - THM, GOT RHY - THM, RHY - THM, GOT RHY - THM,
45
EV - - - - 'RY - - - THING YOU'VE GOT,
SWING IT DON'T MEAN A THING, IF IT AIN'T GOT SWING IT DON'T
GOT RHY - THM, GOT RHY - THM, RHY - THM, GOT RHY - THM, GOT RHY - THM,
D.S. AL FINE
IT
GIVE THAT RHY - THM, KEEP ON GIV - IN' THAT RHY - THM,
EV - - - - 'RY - - - THING YOU'VE GOT,
MEAN A THING, IF IT AIN'T GOT SWING IT DON'T MEAN A THING,
GOT RHY - THM, RHY - THM, GOT RHY - THM, GOT RHY - THM, GOT RHY - THM,

Steppin' Out With My Baby

from the Motion Picture
Irving Berlin's EASTER PARADE

Arranged by
Deke Sharon

Words and Music by
Irving Berlin

SOLO
FEEL SO GOOD. NEV - ER FELT QUITE SO SUN - NY, AND I KEEP ON KNOCK - IN' WOOD. THERE'LL BE
T
HOO HOO KEEP ON KNOCK - IN' WOOD.
B
OM OM BA OM OM OM OM BA OM KEEP ON KNOCK - IN' WOOD.
SOLO
SMOOTH SAIL - IN' 'CAUSE I'M TRIM - MIN' MY SAILS.
A
DOO DOO BA DOO WEE OOH WEE BAH I'M TRIM - MIN' MY SAILS.
T
DOO DOO BA DOO WEE OOH WEE BAH I'M TRIM - MIN' MY SAILS.
B
OM OM OM OM OM OM OM OM OM OM OM OM
SOLO
IN MY TOP HAT AND MY WHITE TIE AND MY TAILS.
A
BAH BAH DOO DOO BA DOO WEE OOH WEE BAH TOP HAT AND MY TAILS
T
BAH BAH DOO DOO BA DOO WEE OOH WEE BAH TOP HAT AND MY TAILS
B
OM OM OM OM OM OM OM OM OM OM OM OM OM OM OM OM

SOLO
S
A
T
B
mf
INTENSE
I'M STEP-PIN' OUT WITH MY BA-BY,
I'M OOH WITH MY BA-
OM OM OM OM OM T-OM T-OM T-OM T-OM
CAN'T GO WRONG 'CAUSE I'M IN RIGHT. ASK ME WHEN
BY I'M IN RIGHT
OM T-OM T-DUH DUH DUH OM T-OM OM T-OM T-

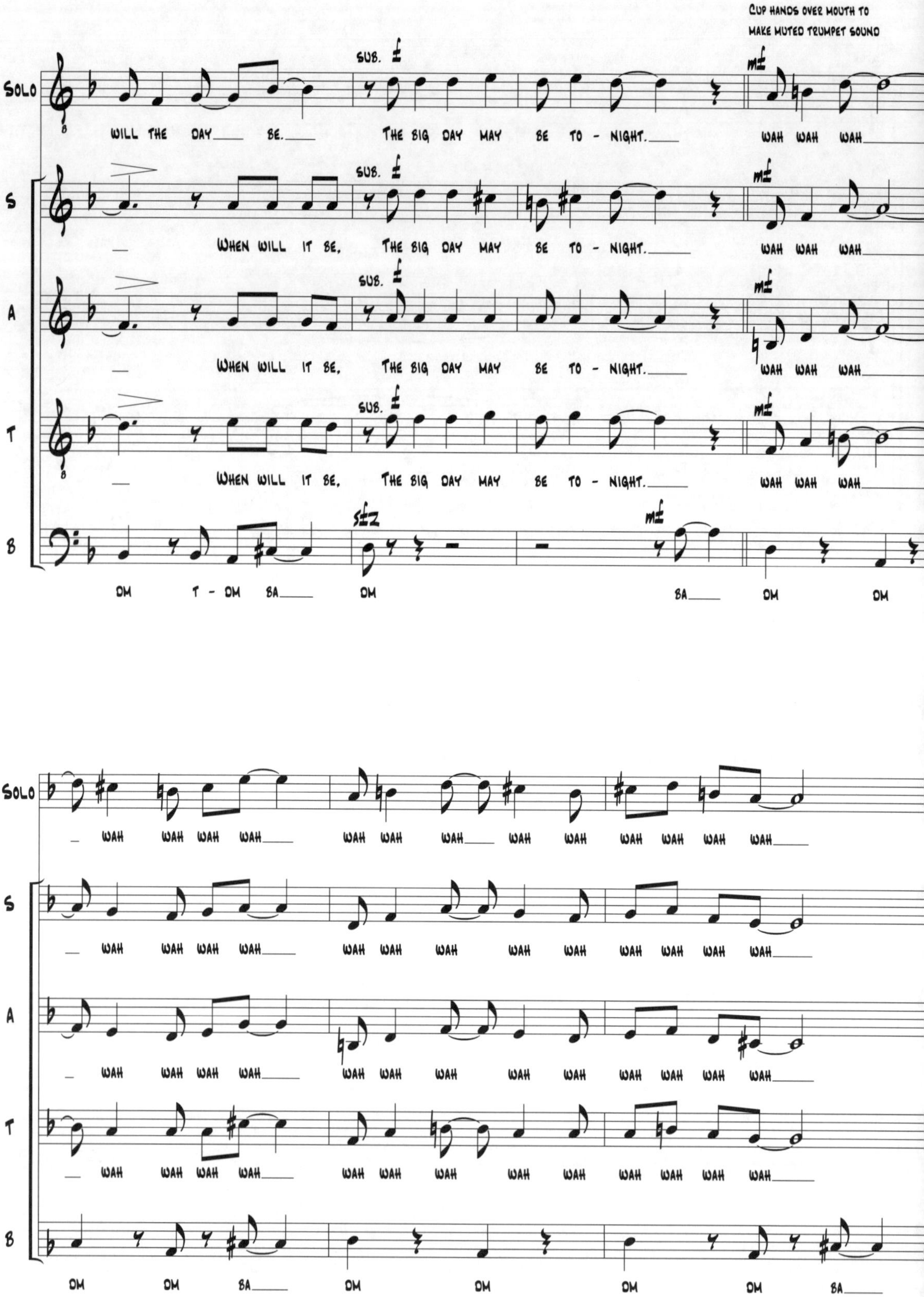
CUP HANDS OVER MOUTH TO
MAKE MUTED TRUMPET SOUND
SOLO
S
A
T
B
SUB. f
mf
sfz
WILL THE DAY BE. THE BIG DAY MAY BE TO - NIGHT. WAH WAH WAH
WHEN WILL IT BE, THE BIG DAY MAY BE TO - NIGHT. WAH WAH WAH
WHEN WILL IT BE, THE BIG DAY MAY BE TO - NIGHT. WAH WAH WAH
WHEN WILL IT BE, THE BIG DAY MAY BE TO - NIGHT. WAH WAH WAH
OM T - OM BA OM BA OM OM
WAH WAH WAH WAH WAH WAH WAH WAH WAH WAH WAH WAH WAH
OM OM BA OM OM OM OM BA

OLO
WAH WAH WAH WAH WAH WAH WAH WAH WAH WAH WAH WAH WAH WAH WAH WAH WAH
WAH WAH WAH WAH WAH WAH WAH WAH WAH WAH WAH WAH WAH WAH WAH WAH WAH
WAH WAH WAH WAH WAH WAH WAH WAH WAH WAH WAH WAH WAH WAH WAH WAH WAH
WAH WAH WAH WAH WAH WAH WAH WAH WAH WAH WAH WAH WAH WAH WAH WAH WAH
DM DM DM DM BA DM BA
VOCAL TRUMPET OR
SCAT SOLO, AD LIB.
OLO
mf
OOH WAH OOH WAH WAH OOH
mf
OOH WAH OOH WAH WAH OOH
mf
OOH WAH OOH WAH WAH OOH
mf
DM DM DM DM BA DM DM DM DM BA DM DM

SOLO RESUMES:
SOLO
S
A
T
B
mf
THERE'LL BE
WAH OHH WAH WAH WAH WAH WAH WAH
OM OM BA OM
SMOOTH SAIL - IN' 'CAUSE I'M TRIM - MIN' MY SAILS, IN MY TOP
BUP BYE YA DUH BAH DUH DUP BAH DAH DUP
OM OM OM OM

HAT AND MY WHITE TIE AND MY TAILS, IN MY TIE AND MY TAILS. OH, I'M
BUP BYE YA DUH BAH DUH DUP BAH DAH DUP IN MY TIE AND MY TAILS. OH, I'M
BUP BYE YA DUH BAH DUH DUP BAH DAH DUP IN MY TIE AND MY TAILS. OH, I'M
BUP BYE YA DUH BAH DUH DUP BAH DAH DUP IN MY TIE AND MY TAILS. OH, I'M
OM OM OM OM OM OM OM OM OM OM OM OM OM OM OM OM
mf
STEP-PIN' OUT WITH MY BA-BY. CAN'T GO WRONG 'CAUSE I'M IN RIGHT.
mf
OM BA OM BA OM BA OM BA OM OM BA OM BA DUH DUH DUH OM BA DA
MOLTO CRESC.
ASK ME WHEN WILL THE DAY BE. THE BIG DAY MAY BE TO - NIGHT!
f
THE BIG DAY MAY BE TO - NIGHT!
THE BIG DAY MAY BE TO - NIGHT!
THE BIG DAY MAY BE TO - NIGHT!
OM BA OM BA OM BA OM BA OM, THE BIG DAY MAY BE TO - NIGHT!

Walkin' My Baby Back Home

Arranged by
Deke Sharon

Words and Music
Roy Turk and Fred E. Ahle

Playful, not too fast
Swing Eighths

WALK - IN' MY BA - BY BACK HOME. ARM IN ARM O - VER
BA L' YA DOO WAH BA DOO WAH DOO WAH WAH WAH
BA DOO WAH BA WAH WAH WAH WAH
BOO L' YA DOO WAH BA DA BA BA BA DOO WAH WAH WAH WAH
BM BM BM BAH BM DM BM BM BM BM
MEAD - OW AND FARM, WALK - IN' MY BA - BY BACK HOME.
BA DA BA DA BAH BAH BA BA BA BA BA BA
BA DA BA DA BA DA BA BAH BA BA DA BA DA BA DA BA
BA DA BA DA BAH BAH BA BA BA BA
BOP BM BM BM BM

13
WE GO 'LONG HAR - MO - NIZ - IN' A SONG, OR I'M RE - CIT - ING A
mf
L' YA DOO WAH DA BA DOO WAH WAH BA L' YA DOO WAH
mf
DA DOO WAH DA BA DOO WAH WAH BA DOO WAH
mf
BA BA DOO BA DA BA DOO WAH WAH DA BA DA BA DA BA DA
mf
BM BM BM BAH BM DM BM BM
POEM. OWLS GO BY AND THEY GIVE ME THE EYE, WALK - IN' MY BA - BY BAC
BOP BOW BA DA BA BA DA BA DA BA BA
BOP BOW BA DA BA BA DA BA DA BA DA BA BA
DOP BOW BA DA BA BA DA BA DA BA BA
BM BA BA BM BM BM BM BM BA DM DM

21
HOME. WE STOP FOR A WHILE, SHE GIVES ME A SMILE, AND SNUG-GLES HER HEAD TO MY
POW WE OO DOO DOO DOO WAH WAH WAH WOP
POW WE OO DOO DOO DOO WAH WAH WAH WOP
POW WE OO DOO DOO DOO WAH WAH WAH WOP
BM BM BM BA BM DA BM BA BM DA BM BM BM BM
CHEST. WE START IN TO PET AND THAT'S WHEN I GET HER POW - DER ALL O -
WAH WOW WOW WOW WOW WAH WAH WAH DAP
WAH WOW WOW WOW WOW WAH WAH WAH DAP
BA DA BA DA BA WOW WOW WOW WOW WAH WAH WAH DAP
BM BM BM BM BM BA BM DA BM BA BM DA BM BM BM WAH DAP

29
mf
VER MY VEST. AF - TER I KIND - A STRAIGHT - EN MY TIE,
WAH WA BA WAH DOO WAH DOO WA
WAH BA WAH WAH WA
WAH L'YA BA WAH WAH WA
BA DA BA DA BA DA BA BM BM BM BM
SHE HAS TO BOR - ROW MY COMB. ONE KISS, THEN I CO
DOO WAH DOO WAH DOO WAH BA NA NA NA NA BA DA BA
WAH WAH WAH BA DA BA
WAH WAH WAH BA DA BA
BM BM BM BM BA BM BA BM DA

37
TI - NUE A - GAIN, WALK - IN' MY BA - BY BACK HOME.
BA DA BA DA BA WA OO WA BA DAP DOO WE OO WE OO WE OO
BA DA BA DA BA WA OO WA BA DAP DOO WE OO WE OO WE OO
BA DA BA DA BA WA OO WA BA DAP
BM BM BM BM BM BM BM BM BA DAP BOP BOP
BA DA BA DA BA DA BA DA BA DA BA DA BA DAP BA DAP BA
WE OO WE OO WE OH WOH WOH DA BA DA BA DA BA DA BA DAP BA DAP BA
WE OO WE OO WE OH WOH WOH BA DA BA DA BA DA BA DAP BA DAP BA
BA DA BA DA BA DA BA DA BA DA BA DA BA DA BA DAP BA DAP BA
BOP BOP BOP BOP BOP BOP BOP BOP BOP BOP BOP BOP

DAP BA DAP BA DAP BAH BA DA DA BA BA DA BA DA BA DA BA DAP DOO DOO
DA L YA BA DAP BA DA BA DA BA DA BA BA DA BA DA BA DAP
DAP BA DAP BA DAP BAH BA DA DA BA BA DA BA DA BA DA BA DAP
DAP BA DAP BA DAP BAH BA DA BA DA DA BA BA DA BA DA BA DA BA DAP DOO DOO
BOP BOP BOP BA DA BA BA DA BA DA BA BA DA BA DA BA DA BA DAP
49
DOO DOO DOO DOO DOO DOO DOO DOO DOO DOO DOO DOO SHE'S 'FRAID OF THE DARK,
BAP BA DAP
BAP BA DAP
DOO DOO DOO DOO DOO DOO DOO DOO DOO DOO DOO DOO BAP BA DAP
BM BM BM BM BM BM BM BM BM BAP BA DAP BM

I HAVE TO PARK OUT - SIDE OF HER DOOR 'TIL IT'S LIGHT. SHE
WA WA WAH DAP
WA WA WAH DAP
WA WA WAH DAP BA BA NA NA NA BA DAP BA
BM BM BM BM BA DM BM BM BM BM BA
SAYS IF I TRY TO KISS HER SHE'LL CRY I DRY HER TEARS ALL THROUGH THE NIGHT.
OO DOO DOO DOO
OO DOO DOO DOO
YA BA BA BA DA DOO DOO DOO DOO
DM BA DM BA DM BA DM BA BM BM BM BM BM BM BM

57
HAND IN HAND TO A BAR-BE-QUE STAND, RIGHT FROM HER DOOR-WAY WE ROAM.
DOO DOO DOH DOH DOH DOH DAH DAH
DOO DOO DOH DOH DOH DOH DAH DAH
DOO DOO DOH DOH DOH DOH DAH DAH
BM BM BM BM BA BM BA BM BA BM BA BM
"EATS" AND THEN IT'S A PLEA-SURE A-GAIN, WALK-IN' MY BA-BY,
63
BA DA BA BA DA BA DA BAH BAH
BA DA BA BA DA BA DA BAH BAH
BA DA BA BA DA BA DA BAH BAH
DOP BA DOP BA DOP BOP DOP BOP BOP BOP

TALK - IN' MY BA - BY, LOV - IN' MY BA - BY, I DON'T MEAN MAY - BE,
BAH BAH BAH BAH BAH BAP
BAH BAH BAH BAH BAH BAP
BAH BAH BAH BAH BAH BAP
BOP BOP BA DOP BA DOP BA DOP BA DAH
WALK - IN' MY BA - BY, BACK HOME.
BAP BAP BAP BY A BA DA BOP BOP BA YA BA DA BA DA BOP BA DA
BAP BAP BAP BY A BA DA BOP BOP BA YA BA DA BA DA BOP BA DA
BAP BAP BAP A BA DA BOP BOP BA YA BA DA BA DA BOP BA DA
BOP BOP BOP BA BA DA BOP BOP BOP BOP BOP BOP BOP BOP BA DA

71
BAP BA YA DA BA BA DA DAP BOP BOW
BOP BOW
BOP BOW
BOP BOW
BOW

PERFORMANCE NOTES

Every a cappella group is different, just as every person is different. For that reason, it's impossible to create a standard a cappella arrangement that will work for all groups. Consider this songbook "off the rack" and consider yourself welcome to custom tailor it at will: make any changes, large or small, that will improve the music for your group.

These five-part arrangements can be sung as is by a mixed group, or by an all-male group with the top tenor in falsetto. Considering the wide vocal range, it's quite difficult to perform any of them with an all-women's ensemble, but feel free to alter the arrangements if you'd like to do so.

Autumn Leaves: The beauty of this arrangement will best be appreciated if special attention is given to creating smooth vocal lines. The diatonic cascades should be approached horizontally (not vertically/chordally). Dissonances should be savored, as they help bring out the melancholy nature of the lyric. Rubato is welcome wherever you'd like to topple through a line, or slow to savor a specific chord.

Fever: This song is less about musical precision than attitude, so don't let what's on the page stand in the way of the feel (especially in the solo, which should be very loose). The solo can be shared between any number of women, divided however you'd like for dramatic purposes. Don't let it get too slow at any point in an attempt to be sexy: a faster tempo with a lead singing behind the beat will drive the song and mood much more effectively.

I Could Write a Book: There should be a noticeable transition between the close harmony introduction and the *a tempo* swing at measure 31. You can add vocal percussion from there through the end of the piece if you'd like (simple hi-hats/brushes will do nicely). The "instrumental" section can feature an improvised bass solo (scat or vocal upright bass) in place of the written bass line.

If I Loved You: Challenging to sing, this arrangement will be most successful if the dynamics and flowing tempo decisions are driven by the emotion of the lyrics and singers. The bass part requires a large range; do your best to minimize the effect of voice range shifts – a smooth, continuous sound will keep from drawing too much attention to the part. The listener should hear everything as a unit throughout, except for the brief soprano solo.

It Don't Mean a Thing (If It Ain't Got That Swing): This should be sung as fast as possible without losing the pitches or running your singers out of breath. The solo lines are approximate and should be sung loosely with individual stylings. The breakdown section is the backbone of what can be a big party: shoutouts, addressing the audience and spontaneous scatting will all make this section come alive.

Steppin' Out With My Baby: As with other solos in this book, individual interpretation is preferred (as opposed to following the melody exactly as notated). The background voices should keep a steady, smooth tempo, allowing the lead to sit back on (and sometimes behind) the beat. Simple vocal percussion will work well with this chart: emphasize beats 2 & 4 without overpowering the other parts.

Walkin' My Baby Back Home: This arrangement will be most effective with a soloist who can evoke the lyrics' story, and backing vocalists willing to push their syllables towards the sounds made by a big band. Don't let the frequent anticipations result in a speeding tempo; this song needs to swing comfortably. Vocal percussion (even on simple hi-hats) is welcome.

WHAT IS CASA?

The Contemporary A Cappella Society

is a non-profit organization formed in 1990 to foster and promote a cappella music. We serve both the fan and the performer.

Membership Levels

BASIC: For $20 a year ($25 outside the U.S.), you get a subscription to the Contemporary A Cappella News (CAN), a bi-monthly magazine that includes international news and concert calendars, guest columns by big names in the a cappella industry, interviews with top groups, how-to articles, advertising and album reviews.

ADVANCED: If you're in a group or serious about a cappella, you'll want this level. For $30 a year ($35 outside the U.S.) you'll get the CAN and one free classified ad, plus all of CASA's group services (the group directory, telephone consultation, discounts with a cappella businesses, etc.). Other members of your group can get their own copies of the CAN for an additional $10 per member.

GOLD: For $100 ($125 outside the U.S.), you also get your own copy of A Cappella Radio International (ARI) each month.

PLATINUM: For $200 ($225 outside the U.S.), you also get a hot-off-the-presses copy of every CD CASA produces each year and a CASA waterbottle.

CASA Productions

- The **Urban Harmony Movement**, a free community enhancing singing programs for teens and adults
- The **A Cappella Summit**, which brings hundreds of fans, performers and enthusiasts together for two days of seminars, concerts and workshops.
- The **Contemporary A Cappella Recording Awards**, a yearly quest for the best recorded a cappella music from around the globe
- **A Cappella Community Awards**, allowing fans to vote for their favorite groups
- The **Northern Harmony** Canadian a cappella festival and competition
- The **International Championship of Collegiate A Cappella**, a competition involving college groups of all styles from across the country
- The **A Cappella Almanac**, the complete a cappella website with links to all CASA programs and everything else you might want to know about a cappella
- The **International A Cappella Recording Archives**, a library of over 3,000 a cappella recordings
- **A Cappella Radio International**, a monthly program of news and interviews, broadcast internationally and on the World Wide Web
- **Contemporary A Cappella Recording Awards CD**, including the best submissions from nominees and winners
- **The Urban Harmony Movement R&B CD**, featuring professional and collegiate groups
- The **Northern Harmony CD**, featuring performances from the inaugural year of that festival
- The **Best of College A Cappella (BOCA) CD** series, produced jointly with Mainely A Cappella
- **Class Notes: The Best of High School A Cappella CD**, a compilation of outstanding high school groups

- The **Definitive A Cappella Press Kit**, a guide for groups putting together their own promotional material
- **Producing the Ultimate A Cappella Show**, a how-to manual covering everything from single-group concerts to festivals
- **Starting an A Cappella Group**, a basic guide to starting up your own group for fun or profit

TO JOIN, send a check to:

CASA
PMB 1449
1850 Union Street #4
San Francisco, CA 94123
USA

For more information, drop us a line:

Phone: 1.415.563.5224
Fax: 1.415.921.2834
Email: casa@casa.org
World Wide Web: http://www.casa.org/

Other A Cappella Resources

MAINELY A CAPPELLA (MAC)
MAC is a mail-order catalog published annually with quarterly updates. It features more than 2,000 titles, including rare and international releases. The catalog represents a wide range of styles and genres - from the latest in pop, jazz and world bands to classical ensembles and barbershop harmonies.

MAC Yak
Mainely A CAPPELLA'S electronic newsletter features new releases, pre-releases, and is the only place to find great sale items.

VARSITY VOCALS
Varsity Vocals is a student a cappella outreach organization that sponsors five great programs:

The *Best of College A Cappella (BOCA)* annual compilation CD encourages college groups to compete for a place on this sought-after CD.

The *International Championship of Collegiate A Cappella (ICCA)* brings together hundreds of college a cappella singers who compete in regional concerts across North America for a place in the national finals, held in the Avery Fisher Hall of Lincoln Center, New York City.

The *Best of High School A Cappella (BOHSA)* compilation CD features high school groups from all over the world.

Worldwide A Cappella Music Month (WAMM) supports the Music Educator's National Conference *Music in Our Schools Month* during March.

The *Vocal Challenge (VC)* brings the musical expertise of professional a cappella groups to students, to inspire them to achieve higher musical goals.

For more details see: *www.varsityvocals.com*

ON-LINE COMMUNITY
The Mainely A CAPPELLA catalog has a popular home page on the World Wide Web, at *www.a–cappella.com*. There are more than 20,000 RealAudio® and MP3 sound clips to hear, an extensive and continually updated concert calendar, and secure on-line buying. There is also a very active newsgroup on the Internet designed exclusively for a cappella fans: *rec.music.a–cappella* (on the web at *groups.google.com*).

Other Titles Available from Contemporary A Cappella Publishing

The Contemporary A Cappella Songbook Collection:

Volume 1	HL08741649
Volume 2	HL08741650
Volume 3 - I Feel Good	HL08742598
Volume 4 - Natural Woman	HL08742904
A CASA Christmas	HL08741651
Songs for All Occasions	HL08742050
Continuum: The First Songbook of Sweet Honey in the Rock	HL08742029
The Collegiate A Cappella Arranging Manual	HL08742599

Available wherever songbooks are sold, or online at *www.a-cappella.com* and *www.casa.org*.

Part-predominant learning tapes are available directly from Mainely A CAPPELLA for the arrangements in:

Contemporary A Cappella Songbook - Volume 1
Contemporary A Cappella Songbook - Volume 2
A CASA Christmas

Call 1.800.827.2936, email *order@a-cappella.com* or order online at *www.a-cappella.com* and specify Soprano, Alto, Tenor, Bass, or a set of all four.